VENTE
JULES LEFEBVRE

ANTIQUAIRE

BRONZES D'ART

ET

D'AMEUBLEMENT

anciens et modernes

HOTEL DROUOT, SALLE N° **8**

Les Mercredi 5 et Jeudi 6 Février 1890

A DEUX HEURES

<table>
<tr><td>COMMISSAIRE-PRISEUR</td><td>EXPERT</td></tr>
<tr><td>Me PAUL CHEVALLIER</td><td>M. CHARLES MANNHEIM</td></tr>
<tr><td>10, rue Grange-Batelière, 10.</td><td>7, rue Saint-Georges, 7.</td></tr>
</table>

EXPOSITION PUBLIQUE

Le Mardi 4 Février 1890

DE 1 HEURE A 5 HEURES 1/2

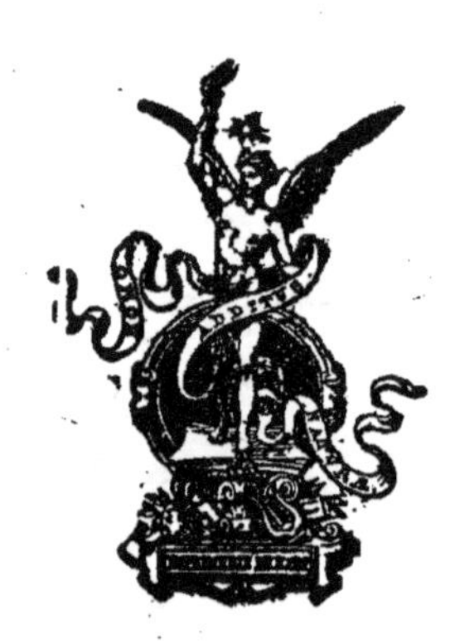

CATALOGUE

DES

BRONZES D'ART

ET D'AMEUBLEMENT

ANCIENS ET MODERNES

Pendules, Horloges, Cartels, Flambeaux, Candélabres
Groupes, Statuettes, etc.

Matières dures, Objets variés, Meubles, Tapisseries

Provenant de la Maison Jules LEFEBVRE

Antiquaire

ET DONT LA VENTE AURA LIEU

Par suite de cessation de commerce, et en vertu de jugement

HOTEL DROUOT, SALLE N° 8

Les Mercredi 5 et Jeudi 6 Février 1890

A DEUX HEURES

COMMISSAIRE-PRISEUR	EXPERT
Mᵉ PAUL CHEVALLIER	**M. CHARLES MANNHEIM**
10, rue de la Grange-Batelière, 10	7, rue Saint-Georges, 7

EXPOSITION PUBLIQUE

Le Mardi 4 Février 1890, de 1 heure à 5 heures 1/2

CONDITIONS DE LA VENTE

Elle sera faite au comptant.

Les adjudicataires payeront *cinq pour cent* en sus des enchères.

L'Exposition mettant le public à même de se rendre compte de l'état des objets, il ne sera admis aucune réclamation une fois l'adjudication prononcée.

Paris. — Imprimerie de l'Art. E. Ménard et Cⁱᵉ, 41, rue de la Victoire.

DÉSIGNATION DES OBJETS ANCIENS

PENDULES ET FLAMBEAUX

1 — Petite pendule du temps de Louis XV, en bronze doré, modèle rocaille, surmontée d'une figurine d'enfant. Le mouvement est moderne.

2 — Petite pendule de voyage, du temps de Louis XV, avec cage en bois et mouvement à grande sonnerie de Julien Le Roy. Elle est garnie de quelques ornements en bronze ciselé et doré.

3 — Petite pendule religieuse à cage en bois noir et cadran de cuivre appliqué sur velours noir. Elle est accompagnée d'un socle cul de lampe. Époque Louis XIII.

4 — Pendule forme lyre du temps de Louis XVI, en bronze doré, ornée de cariatides de femmes et surmontée d'un soleil.

5 — Petite pendule-borne du temps de Louis XVI, en marbre blanc, garnie d'appliques et surmontée d'une figurine de jeune fille accroupie, en bronze ciselé et doré au mat.

6 — Deux petits flambeaux du temps de Louis XV, modèle rocaille, en bronze doré.

7 — Deux flambeaux du temps de Louis XVI, en bronze ciselé et doré à tore de chêne.

MATIÈRES DURES ET OBJETS VARIÈS

8 — GRANIT ROSE ORIENTAL. Deux vases ovoïdes à gorge et sur piédouche, avec couvercle surmonté d'une graine en bronze doré et avec anses formées de têtes de boucs de même matière. — Hauteur totale, 70 centimètres.

9 à 12 — Fort lot de socles, fûts, colonnettes, etc., en porphyre rouge oriental, en marbre vert antique et autres matières.

13 — Obélisque en porphyre oriental, sur socle plaqué d'agate.

14 — Deux pistolets Louis XV, d'Esquibel, à Madrid, avec fûts garnis d'ornements en cuivre doré.

15 — TERRE CUITE. Enfant sur corbeille, dans le goût de Germain Pilon. Cette pièce a été bronzée.

16 — PLATRE PEINT. Haut-relief : la Vierge vue à mi-corps en adoration devant l'Enfant Jésus debout devant elle. Cadre à pilastres en bois peint et doré. Travail italien du XVIe siècle.

17 — PLATRE BRONZÉ. Buste de Franklin d'après Houdon, grandeur nature.

18 — Vase en forme de cornet, à panse carrée, en porcelaine tendre fond bleu foncé et réserves bleu turquoise, garni d'une monture à anses en bronze doré.

19 — Statuette de nymphe à demi assise, en biscuit, sur socle oblong en bronze vert et dorure. Fin du XVIIIe siècle.

20 — Deux salières ovales de style Louis XVI, en argent, à figures d'amours et guirlandes de fleurs.

21 — Montre Louis XV, en or repoussé, à répétition, décorée de figures et d'ornements en relief.

22 — Autre montre Louis XV, à répétition et cuvette en or uni.

23-24 — Divers bijoux, tels que pendants d'oreilles, bagues, etc.

MEUBLES ET TAPISSERIES

25 — Armoire en marqueterie de bois, à filets incrustés. Elle ferme à quatre portes, dont deux pieines et deux vitrées. Époque Louis XIII.

26 — Petite table Louis XVI en bois d'acajou, à dessus de marbre blanc, encadré d'une galerie rapportée en cuivre ciselé et découpé.

27 — Baromètre Louis XVI en bois sculpté et doré, surmonté d'un trophée d'armes.

28 — Cage de pendule en bois d'acajou avec mouvement de Gaston Joly, et appliques en biscuit décorées à l'imitation du bronze, et représentant un pélican et ses petits. Époque de l'Empire.

29 — Peinture sur néphrite : Jésus sur les flots. XVIIe siècle.

30 — Petite commode Louis XV, à trois tiroirs, en bois satiné, garnie de quelques ornements de cuivre et à dessus de marbre.

31 — Trois fauteuils Louis XVI en bois laqué blanc et rehaussés de dorure. Ils sont variés de formes.

32 — Lot de tapisseries anciennes, verdure.

33 — Lot de bordures en tapisserie ancienne.

BRONZES DE STYLES

HORLOGES ET PENDULES

34 — Grande horloge de style Louis XIV et d'aspect monumental, reposant sur une base à quatre pieds, plaquée de bois satiné et richement garnie de bronzes ciselés et dorés. Les pieds et la face de la table présentent des mascarons têtes de satyres. A la partie supérieure de la pièce, groupe de trois amours sur des nuages, dont deux tiennent une couronne de lauriers. Au-dessous, à droite et à gauche, sont deux dragons ailés et au dessous du cadran est un bas-relief qui représente l'enlèvement de Déjanire par le Centaure. Mouvement ancien à grande sonnerie, de Gribelin, à Paris; cadran, partie émail, partie cuivre gravé, avec phases de lune.

Dans la caisse de l'horloge, jeu d'orgue à soufflet, également ancien. — Hauteur totale, 2 m. 37 cent.; largeur, 87 centimètres.

35 — Pendule en forme d'œil-de-bœuf, en bois noir, avec large cadran à cartouches émaillés et salamandre en bronze doré au centre. Riche garniture de bronze doré, composée d'une lunette large, à godrons encadrant le cadran, de deux motifs à volutes suivant les contours de la pièce, d'une tête du Temps placée à sa base, de deux sphinx couchés et d'une figurine du Temps assise sur la boule du monde, ces trois dernières pièces placées à la partie supérieure de l'objet, Mouvement à grande sonnerie, carillon de l'abbaye de Westminster sur gongs. — Haut., 1 mètre; larg., 43 centimètre.

36 — Petite pendule : Enfant en bronze doré, supportant de ses bras surélevés le mouvement qui est placé dans une cage de porphyre oriental rouge. L'enfant repose sur une base de prime d'améthyste et sur un socle en porphyre oriental rouge garni de bronze doré et de branches dont les fleurs sont en porcelaine. Sur le haut de la pièce, groupe de deux colombes en bronze doré. — Haut., 48 centimètres.

37 — Curieuse pendule composée d'un chapiteau antique en porphyre oriental rouge, qui contient un mouvement ancien, avec cadran de Dubuisson battant la demi-seconde. Au pourtour du chapiteau, figure d'amour et branche de roses en bronze doré. Le socle ovale, aussi en bronze doré, date du temps de Louis XVI. Haut., 46 centimètres.

38 — Pendule formée d'une figurine d'amour en bronze doré, assis sur un fragment antique en porphyre oriental rouge. L'amour tient de sa main droite une cage ancienne en bronze doré qui contient le mouvement et qui est encadrée d'ornements rocaille.

39 — Petite pendule à quatre pieds et à draperies en bronze doré, surmontée d'une figurine d'enfant chinois en bronze laqué. Socle en peluche verdâtre.

40 — Pendule formée d'un serpent enroulé, sculpté sur marbre veiné de rouge, avec base circulaire en porphyre oriental rouge et branche de palmier en bronze doré.

41 — Grande pendule de style Louis XVI, en forme de vase ovoïde, en porphyre oriental rouge, monté en bronze doré et contenant les cadrans tournants en émail. Le vase

repose sur un fût de colonne cannelé en bronze doré qui a pour base, ainsi qu'une figurine d'amour debout en bronze vert placée près du fût, une plinthe en porphyre rouge, encadrée d'une bordure en bronze doré. — Haut., 60 centimètres.

42 — Grande pendule de style Louis XV, modèle rocaille, en bronze laqué et doré, enrichie d'oiseaux et de dragons ailés. Elle repose sur une base en marbre vert campan à moulures. — Haut., 65 centimètres.

43 — Pendule à cadrans tournants de style Louis XVI, en forme de vase ovoïde, garni, ainsi que le socle cannelé, de festons de feuilles de chêne retenus par des rubans; le tout en bronze doré. — Haut., 48 centimètres.

44 — Pendule de style Louis XVI, à cadrans tournants placés dans une sphère en cuivre bleui, garnie d'ornements et de fleurs de lis en bronze ciselé et doré, et supportée par trois nymphes debout en bronze; ces dernières reposent sur un socle en porphyre oriental rouge, garni en bronze doré. — Haut., 65 centimètres.

45 — Petite pendule de style Louis XV, en bronze doré : Enfant guerrier, sur socle en marbre blanc.

46 — Grande pendule de style Louis XVI, en forme de vase et sur socle à musique, en bronze doré. Sur le socle et à droite et à gauche du pied du vase sont deux enfants assis, en bronze à patine brune.

47 — Grande pendule de style Louis XVI, en marbre blanc et bronze doré au mat, surmontée de la statuette en bronze de Marie Leczinska, d'après Coustou. A droite et à gauche du socle, figures d'amours en bronze tenant une guirlande de fleurs dorées.

48 — Pendule de style Louis XVI, à quatre colonnes en marbre blanc et draperies-appliques, trophée et pomme de pin en bronze doré. Mouvement à jour et balancier soleil.

49 — Pendule analogue à cage carrée à pilastres en bronze doré et mouvement ancien, à phases lunaires et à quantièmes.

50 — Pendule de style Louis XVI en bronze doré : Offrande à l'Amour. Composition de trois figures.

51 — Pendule de style chinois en bronze doré, accompagnée de deux vases formant garniture. La sonnerie de la pendule est sur gong.

52 — Pendule de style Louis XVI, à cadrans tournants placés dans un vase en bronze bleui clair garni d'anses serpents et reposant sur un fût cannelé garni de festons de fleurs en bronze ciselé et doré. — Haut., 60 centimètres.

53 — Pendule-lyre en bronze bleui, garnie d'ornements en bronze ciselé et doré et enrichie d'un cercle et de tiges en stras serti en argent fin. Style Louis XVI.

54 — Pendule de style Louis XIV en bronze doré, modèle violon, surmontée d'une figurine de Minerve assise.

55 — Pendule de style Louis XVI, en bronze doré au mat et marbre blanc, cantonnée de figurines d'amours debout, surmontée d'un groupe de deux colombes et enrichie d'appliques finement ciselées.

56 — Grande pendule style Louis XVI : la Liseuse, figure en bronze vert, sur socle en marbre griotte et cage en bronze doré surmontée d'un vase. — Haut., 48 cent. ; larg., 73 cent.

57 — Petite pendule de style Louis XVI : Enfant en bronze vert, supportant de ses bras surélevés le mouvement surmonté d'un groupe de deux colombes en bronze doré. Socle en porphyre rouge oriental avec embase en bronze doré. — Haut., 49 centimètres.

58 — Pendule à cadrans tournants de style Louis XVI, en forme de jet d'eau placé sur un vase en cristal, monté en bronze doré. Les anses sont formées de dauphins qui lancent de l'eau simulée au-dessus de la pièce. Un serpent, enlacé autour du piédouche, marque les heures, et le tout repose sur un socle carré en bronze doré orné de feuilles et de rosaces ciselées qui renferme le mouvement. — Haut., 56 centimètres.

59 — Petite pendule de style Louis XV en bronze doré, modèle rocaille, surmontée d'une figurine d'enfant.

60 — Pendule de style Louis XV, modèle rocaille, avec socle en bronze doré, surmontée d'une figurine d'amour.

61 — Pendule de style Louis XVI en bronze doré, surmontée d'une statuette de Minerve en bronze vert.

62 — Pendule de même style en bronze vert ornée d'appliques en bronze ciselé et doré et surmontée d'une figurine de Diane assise, aussi en bronze et posée sur le tambour du mouvement en cuivre doré.

63 — Pendule de style Louis XVI en bronze doré, sur socle en marbre blanc. Elle est surmontée d'un trophée d'armes et elle présente au-dessous du cadran une guirlande de fruits et de fleurs.

64 — Petite pendule de voyage de style Louis XIV, en

bronze doré. Cadran à cartouches émaillés surmonté d'un soleil.

65 — Très petite pendule Louis XVI : Enfant vendangeur, en bronze vert, debout, portant une cuve en bronze doré qui renferme le mouvement à spirale. Socle en marbre bleu turquin et bronze doré.

66 — Pendule de style Louis XVI, en porphyre rouge oriental et bronze doré. Elle est surmontée d'une figurine en bronze doré : Enfant tenant un cœur, et le fût est garni de guirlandes de roses, de têtes de boucs, etc. — Haut., 50 centimètres.

67 — Pendule à cage en bronze ciselé et doré, renfermant un régulateur de Charles Le Roy, avec cadran émaillé portant les signes du Zodiaque finement peint marquant les heures, les jours, les quantièmes, les phases lunaires, et battant les demi-secondes. — Haut., 49 centimètres.

68 — Petite pendule en porcelaine genre Saxe, à fond vert, avec rehauts de carmin et têtes d'amours ailés sur les côtés. Elle est surmontée d'une urne oblongue et repose sur un socle à contours en bronze ciselé et doré.

69 — Très petite pendule de style Louis XVI, en bronze ciselé et doré, ornée sur la base de trophées d'armes et d'instruments de musique et surmontée d'un groupe de deux colombes.

70 — Pendule de style Louis XVI, formée d'une figurine de génie assis, en bronze vert, reposant sur un socle carré en porphyre rouge oriental garni d'une monture en bronze ciselé et doré. L'enfant supporte le mouvement

de ses bras surélevés. Ce dernier est surmonté d'un groupe de colombes et de nuages.

71 — Petite pendule de style Louis XVI en bronze doré, cantonnée de consoles ajourées et surmontée d'un vase.

72 — Grande pendule de style Louis XV : Lion passant, en bronze, avec tablier doré et base en bois d'ébène incrusté de filets de cuivre.

73 — Pendule à cage de style Louis XVI en bronze doré et parties bleuies. Mouvement ancien de *Crosnier, horloger du Roy, à Paris.*

74 — Petite pendule de style Louis XV en bronze doré, modèle rocaille avec socle, et surmontée d'une grenade.

75 — Petite pendule de style Louis XVI, formée d'un lion debout, en bronze, reposant sur un socle oblong en bronze doré, à tore et guirlandes de laurier et supportant le mouvement qui est surmonté d'un vase.

76 — Petite pendule à cage de style Louis XVI, en bronze ciselé et doré, garnie d'appliques ornées de festons de fleurs et d'entrelacs de feuillages.

77 — Pendule de style Louis XVI en bronze doré, surmontée d'une corbeille de fleurs, de festons de laurier retenus par un ruban et de quatre pommes de pin. Une ouverture vitrée placée au-dessous du cadran permet de voir le balancier à soleil.

78 — Petite pendule de style Louis XVI, modèle violon, en marbre blanc, avec anses, appliques et groupe de deux colombes en bronze ciselé et doré.

79 — Petite pendule de style Louis XVI : Enfant assis, en bronze vert, tenant un livre et s'appuyant sur la cage du

mouvement qui est en bronze doré et qui est surmontée
d'un coq. Socle en marbre blanc et bronze doré.

80 — Petite pendule de style Louis XVI, formée d'un cheval
debout, en bronze, supportant le mouvement qui est
surmonté d'un vase garni de festons de fleurs et reposant
sur une terrasse ornée en bronze doré.

81 — Petite pendule de style Louis XVI, formée d'un vase
ovoïde en bronze bleui, garni en bronze ciselé et doré et
cercle en stras serti en argent fin.

82 — Petite pendule de style Louis XVI : Enfant Clodion,
en bronze vert, battant sur une caisse en cuivre doré qui
contient un mouvement de montre. Socle en prime d'améthyste et porphyre oriental rouge garni de bronze doré.

83 — Petite pendule de style Louis XVI : Enfant vendangeur, en bronze doré, sur tonnelet en porcelaine tendre
blanche et base en cuivre doré.

84 — Petite pendule de style Louis XVI en cuivre doré, surmontée d'une figurine d'enfant tenant une couronne.
Socle en marbre blanc.

85 — Petite pendule de style Louis XVI, composée d'un fût
de colonne en marbre blanc garni de festons de laurier et
de fruits en bronze doré, et surmontée d'une figurine de
Neptune assis en bronze.

86 — Petite pendule analogue à celle qui précède. Celle-ci
est surmontée d'une figurine d'enfant au nid, en bronze.

87 — Petite pendule de style Louis XVI en bronze doré,
modèle violon, surmontée d'un groupe de deux colombes.

88 — Horloge à cadran horizontal avec cage, de style Renaissance, en galvano de cuivre doré.

89 — Montre de voiture, de style Renaissance, en galvano de cuivre doré et mouvement à sonnerie à spirale.

CARTELS

90 — Cartel et baromètre de style Louis XIV, en marqueterie des trois parties, très richement garnis de bronzes ciselés et dorés. Chacune des pièces présente, au-dessous du cadran, une figurine d'Atlas debout, en bronze doré, qui repose sur un socle à consoles et qui supporte un motif élégant composé d'une palmette, de volutes et de branches de chêne placées au-dessous du cadran en bronze doré, avec cartouches émaillés. Au-dessus de ce dernier, et a la partie supérieure de la pièce, est une figure du Temps qui surmonte un trophée d'armes. — Haut., 1 m. 35 cent.

91 — Cartel de style Louis XV, modèle rocaille, en bronze doré, surmonté d'une figurine d'amour. Mouvement à tirage.

92-93 — Deux cartels en bronze doré, de style Louis XV, modèle rocaille, branches de fleurs, oiseaux et figurine d'enfant. Les mouvements sont anciens.

94 — Cartel de style Louis XVI, à vase et draperies en bronze doré. Le mouvement ancien porte le nom de Robin, au Louvre.

95 — Cartel de style Louis XVI, en bronze doré, à vase et guirlandes.

96 — Cartel de style Louis XVI, en bronze ciselé et doré,

surmonté d'un vase et cantonné de guirlandes de lauriers.
Cadran émaillé portant le nom de : *Le Faucheur, à Paris.*
— Haut., 39 centimètres.

97 — Cartel de style Louis XVI, modèle œil-de-bœuf, suspendu à des rubans et des myrtes ; le tout en bronze ciselé et doré au mat,

98 — Petit cartel de style Louis XV, modèle rocaille, soleil et coq en bronze doré.

99 — Cartel de style Louis XVI, en bronze doré, modèle à vase, guirlandes et rubans.

CANDÉLABRES ET FLAMBEAUX

100 — Deux candélabres de style Louis XVI, formés chacun d'une statuette de nymphe en bronze vert, reposant sur un socle orné en bronze doré et tenant une corne d'abondance d'où s'échappent trois branches de roses portelumières, aussi en bronze doré.

101 — Deux grands flambeaux de style Louis XVI, en bronze doré, à trois cariatides de femmes chacun, et reposant sur des socles en marbre blanc.

102 — Deux grands flambeaux de style Louis XV, en bronze doré, modèle rocaille et cariatides d'enfants.

103-104 — Deux paires de flambeaux, de style Louis XIV, en bronze doré.

105 — Deux flambeaux de style Louis XV, modèle rocaille à cariatides d'enfants, en bronze doré.

106 — Deux petits flambeaux de style Louis XVI, composés chacun d'une figurine d'amour, debout, en bronze doré, portant un vase et reposant sur des socles en porphyre rouge oriental, garnis en bronze doré et avec plinthe en marbre bleu turquin.

107 — Deux flambeaux de style Louis XVI, enfants satyres en bronze vert portant un flambeau garni de rinceaux en bronze doré et reposant sur des socles en marbre vert antique avec tores de laurier en bronze doré.

108 — Deux paires de flambeaux de style rocaille, en bronze doré.

109 — Deux bras-appliques de style Louis XVI, en bronze doré, à deux branches porte-lumières, surmontés d'un vase garni de festons de lauriers.

110 — Deux petits flambeaux de style Louis XIV, en bronze ciselé et argenté.

111 — Deux flambeaux de style Louis XVI, amours debout, en bronze, socle et branche de roses en bronze doré.

112 — Deux girandoles de style Louis XVI, en bronze doré, à trois branches porte-lumières avec flamme au centre.

113 — Deux flambeaux de style Louis XVI, en bronze doré, modèle à rais de cœur et feuilles de laurier.

114-115 — Deux paires de flambeaux de style Louis XVI, en bronze doré, en deux modèles, l'un à cannelures en spirale, l'autre à cannelures droites et feuilles ciselées.

GROUPES, STATUETTES, VASES

116 — Deux statuettes en bronze : Bacchant et Bacchante, sur socles carrés en marbre jaune de Sienne avec appliques en bronze doré.

117 — Deux vases en bronze d'après Clodion, offrant des jeux d'enfants en bas-relief et garnis en bronze doré.

118 — Bas-relief en bronze doré : Bacchanale d'enfants, dans le goût de Clodion, avec cadre en marbre blanc, garni haut et bas de bronze doré, amours, lyres, guirlandes, etc.

119 — Groupe en bronze d'après Germain Pilon : les Trois Grâces.

120 — Statuette d'amour debout, en bronze, s'appuyant sur son arc. Socle en marbre bleu turquin avec torsade en cuivre doré.

121 — Groupe en bronze : Enfant-bacchant et Chèvre ; sur socle en marbre blanc garni d'un rang de perles en cuivre doré.

122 — Petit groupe en bronze : Silène sur un âne.

123 — Taureau passant à gauche, en bronze, sur plinthe en porphyre oriental rouge.

124 — Petit buste d'enfant en bronze verdâtre, sur socle carré en marbre brocatelle d'Espagne.

125 — Statuette en bronze : Enfant satyre jouant des cymbales, dans le goût de Clodion ; sur socle en porphyre rouge oriental.

126 — Petit groupe en bronze doré : deux enfants danseurs et chien, sur socle rocaille triangulaire.

127 — Petit groupe de deux enfants grotesques, en bronze doré, sur plinthe en marbre vert antique.

128 — Presse-papier formé d'un groupe de deux enfants bacchants en bronze doré, sur socle en porphyre rouge oriental.

129 — Cassolette de style Renaissance, à trépied cariatides de génies ailés, en bronze finement ciselé et doré. Cette pièce forme encrier.

130 — Deux petites cassolettes oblongues de style Louis XV, en bronze doré.

131 — Deux petits cratères en bronze de style antique sur socles carrés en marbre bleu turquin.

132 — Plateau rond en cuivre argenté oxydé, jeux d'enfants en bas-relief et émail rond au centre, face du soleil en camaïeu carmin.

133 — Deux petits vases forme dite Médicis, en bronze (patine brune), décorés au pourtour de la panse de jeux d'enfants en bas-relief et à anses têtes de béliers surmontées d'un motif à torsade ; sur socles carrés en marbre griotte. Hauteur totale, 28 centimètres.

134 — Enfant assis soufflant dans des pipeaux, en bronze doré, sur socle en marbre brocatelle et base en bronze doré.

135 — Groupe de style Louis XVI : le char de Vénus sur socle en marbre blanc garni de guirlandes et d'appliques en bronze doré.

136 — Deux statuettes d'enfants nus à demi couchés, en bronze. L'un d'eux tient une colombe et l'autre une feuille de papier ; sur socle en marbre bleu turquin.

137 — Statuette en bronze : la Source.

138 — Deux coupes en forme de lampe antique en bronze vert d'après Clodion, décorées d'un bas-relief au pourtour, d'une figure de nymphe couchée sur le dessus et d'un satyre sur l'anse. Base en marbre bleu turquin et piédouche en bronze doré.

139 — Petit buste en bronze : Chloé, par Dumège.

140 — Petit buste de Henri IV, en bronze, sur socle en marbre vert antique et base en bronze doré à tore de laurier.

THERMOMÈTRES ET OBJETS VARIÉS

141 — Thermomètre de style Louis XVI, en bronze ciselé et doré, modèle à oves et ruban enroulé, avec fronton chêne et laurier et culot à feuilles d'acanthe.

142 — Petit thermomètre - applique avec cadre de style Louis XVI en bronze ciselé et doré, surmonté d'un vase et de branches de laurier et composé de feuillages enroulés et de volutes. La plaque d'émail porte dans le haut, sur une draperie émaillée bleu, l'inscription : LANGE DE BOURBON. Haut., 36 centimètres.

143 — Autre de même style avec vase à guirlandes.

144 — Autre petit thermomètre aussi en bronze doré, surmonté de divers attributs scientifiques.

145 — Buste-applique en biscuit avec cadre de style Louis XVI en bronze ciselé et doré, surmonté d'un ruban et de guirlandes de laurier.

146 — Obélisque en bronze doré avec applique trophée d'armes et surmonté d'une couronne royale avec coussin ; socle en porphyre rouge oriental.

147 — Vase à trois faces en bronze doré, avec anses en volutes lui servant de pieds et orné de bas-reliefs jeux d'enfants. Une flamme s'échappe de la gorge. Sur socle en marbre brèche d'Alep.

148 — Vase de style chinois à patine brune, avec appliques à personnage et socle en bronze doré.

149 — Grande jardinière ronde en forme de coupe, en bronze vert, et garniture en bronze verni.

150 — Petit guéridon en porphyre rouge oriental monté en bronze doré.

151 — Médaillon d'applique en bronze doré, colombes sur flambeaux et nuages, encadré de roses et suspendu à un nœud de ruban. La couronne de roses est ancienne.

152 — Bénitier en bronze et dorure avec crucifix et Père Éternel en relief. Appliqué sur velours

153 — Miroir ovale à main avec cadre en bronze ciselé et doré, à rais de cœur, festons de fleurs, etc., et médaillon en biscuit de Wedgwood.

9 782329 543673